AF370890

CATALOGUE

DES MÉDAILLES ET MONNOIES,

ANTIQUES ET MODERNES.

EN OR, ARGENT ET BRONZE,

DU CABINET DE FEU LE CITOYEN DE MILLY,

DONT la Vente se fera les 13 et 14 Messidor an VII, dans sa maison, rue du Bouloy, n°. 48.

L'exposition aura lieu les mêmes jours depuis onze heures du matin jusqu'à deux heures.

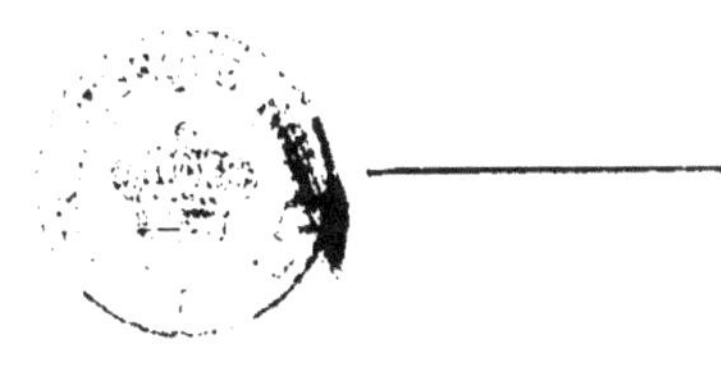

SE DISTRIBUE A PARIS,

Dans ladite Maison, rue du Bouloy, n°. 48, et rue du faubourg Honoré, n°. 74, près la Place Beauveau.

CATALOGUE

DES MÉDAILLES ET MONNOIES,

ANTIQUES ET MODERNES,

EN OR, ARGENT ET BRONZE,

DU CABINET DE FEU LE CITOYEN DE MILLY,

MÉDAILLES ANTIQUES.

MÉDAILLES GRECQUES.

Médailles de Rois, Peuples et Villes Au-
tonomes.

Nº. I.

Douze médailles de bronze d'Espagne, 21
médailles d'argent Gauloises, 14 médailles de
bronze de Rome (parties de l'as), 2 Philippe I,
barbares en or, un double sicle en argent, etc.

Total, 2 médailles en or, 25 en argent et
63 en bronze.

Médailles Grecques Impériales, et de Colonies.

Nº. II.

Une simple énumération du nombre des médailles, dans chaque tête, ne donneroit aucune idée de cette suite. Il faudroit pour ce genre de médailles indiquer le nom de la ville où chacune a été frappée, son module, et même souvent rapporter la légende en entier. Les bornes de ce Catalogue ne nous le permettent pas. Nous nous contentons d'indiquer le nombre total de la suite qui est de 230 médailles de bronze.

MÉDAILLES LATINES.

MÉDAILLES CONSULAIRES.

Nº. III.

Cette suite monte à 340 médailles d'argent qui seront divisées en quatre lots.

SUITE IMPÉRIALE D'OR.

Nº. IV.

3 Auguste.

1 ARMENIA CAPTA. Victoire immolant un taureau.

2 C. CÆS. AVGVS. F. Cavalier courrant. Derrière lui deux enseignes militaires.

3 Les deux figures debout.

4 Tibère.

4 PONTIF. MAX. Femme assise.

5 La même.

6 La même.

7 IMP. VII. TR. POT. XVI. Un quadrige.

1 Drusus , frère de Tibère.

8 DE GERM. Arc de triomphe.

1 Claude.

9 IMPER. RECEPT. Le camp Prétorien.

4 Neron.

10 SALVS. Femme assise.

11 La même.

12 La même.

13 IVPITER CVSTOS. Jupiter assis.

1 Othon *faux*.

14 PONT. MAX. Femme debout.

6 Vespasien.

15 COS. ITER TR. POT. Femme assise.

16 COS. VI. Un taureau.

17 COS. VII. Même type.

18 EX S. C. Une colonne entre deux arbres.

19 PACI AVGVSTI. Victoire debout.

20 TR. POT. COS III. Femme debout tenant des balances.

1 Tite.

21 COS. VI. Soldat assis.

2 Domitien.

22 COS. V. Parthe à genoux.

23 PRINCEPS IVVENTVTIS. Hygia debout, appuyée sur une colonne.

5 Trajan.

24 FORVM TRAIAN. Edifice à huit colonnes.

25 P. M. TR. P. COS. VI. P. P. S. P. Q. R. SALVS AVG. Femme assise devant un autel.

26 P. M. TR. P. COS. II. P. P. La fortune debout.

27 S. P. Q. R. OPTIMO PRINCIPI. Cérès debout.

28 Même légende. Trajan à cheval lançant un javelot à un homme abattu.

1 Hadrien.

29 COS. III. P. P. Homme en habit militaire debout avec trois enseignes.

2 Antonin.

3o cos. IIII. Homme debout tenant un globe.

3i LÆTITIA cos. IIII. Deux femmes debout.

1 Faustine.

32. AVGVSTA. Femme debout.

1 M. Aurele.

33 P. M. TR. P. XVIII. IMP. II. COS. III. Victoire debout, tenant un bouclier sur lequel on lit, VIC. AVG.

1 Vérus.

34 SALVTI. AVGVSTOR. TR. P. II. COS. II. Hygia debout.

1 Caracalla.

35 PONTIF. TR. P. VIII. COS. II. Mars debout.

1 Aurelien.

36 ADVENTVS AVG. Aurelien à cheval. *Petit médaillon pesant huit grammes; ou 2 gros 12 grains.*

1 Maximien Hercule.

37 VIRTVS MILITVM. Une porte de ville.

1 Valens.

38 RESTITVTOR REIPVBLICÆ. Valens de-

bout tenant le *labarum* et une petite victoire.

1 Valentinien jeune II.

39 VICTORIA AVGG. Deux figures assises en face.

1 Théodose Ier.

40 VOT. XXX. MVLT. XXXX. La Victoire assise.

3 Arcadins.

41 VICTORIA AVGGG. Arcadins debout tenant le *labarum* et une Victoire, foule aux pieds un captif.

42 La même avec différences dans le champ et l'exergue.

43 La même, *idem.*

4 Honorius.

44 VICTORIA AVGGG. même type.

45 La même avec différences dans le champ et l'exergue.

46 La même, *idem.*

47 La même, *idem.*

1 Placide Valentinien III.

48 VICTORIA AVGG. figure assise.

1 Anastase.

49 VICTORIA AVGVSTORM. Victoire debout de face.

1 Justin.

5o VICTORIA AVGG. Victoire de bout.

3 Justinien Ier.

51 VICTORIA AVGVSTORVM. Même type.

52 La même avec différences dans le champ et l'exergue.

53 La même, *idem.*

1 Tibère Constantin.

54 VICTORIA AVGG. La croix élevée sur des degrés.

1 Maurice Tibère.

55 VICTORIA AVGG. Victoire de bout.

3. Incertaines. 56. 57. et 58.

Cette suite sera divisée par lots de six médailles ainsi qu'il suit :

1er. Lot, les n°s. 4. 15. 25. 32. 44. 52.

2e. Lot, les n°s. 1. 10. 20. 31. 41. 58.

3e. Lot, les n°s. 13. 22. 28. 36. 48. 55.

4e. Lot, les n°s. 2. 16. 26. 35. 42. 57.

5e. Lot, les n°s. 8. 14. 24. 34. 43. 53.

6e. Lot, les n°s. 3. 11. 21. 33. 45. 56.

7e. Lot, les n°s. 5. 17. 27. 37. 46. 54.

8e. Lot, les n°s. 9. 18. 29. 38. 47. 51.

9ᵉ. Lot , les nᵒˢ. 6. 12. 23. 40. 50.
10ᵉ. Lot , les nᵒˢ. 7. 19. 30. 39. 49.

SVITE IMPÉRIALE D'ARGENT.

Haut-Empire.

Nᵒ. V.

4 Pompée.	40 Vespasien.
2 Juba , père.	18 Tite.
11 César.	1 Julie.
1 Lépide.	27 Domitien.
28 Antoine.	1 Domitia , *fourrée.*
1 Cléopâtre.	13 Nerva.
1 L. Antonius.	84 Trajan.
78 Auguste.	1 Marciane, *douteuse.*
13 Tibère.	89 Hadrien.
1 Neron Drusus.	10 Sabine.
1 Agrippine , mère.	3 Ælius.
1 Caligula.	43 Antonin.
4 Claude.	16 Faustine.
1 Agrippine , jeune.	27 M. Aurele.
15 Néron.	16 Faustine , jeune.
9 Galba.	7 Verus.
5 Othon.	10 Lucille.
12 Vitellius.	18 Commode.

5 Crispine.   6 Albin.

Total , 623 Médailles qui seront divisées en six lots.

Moyen-Empire.

N°. VI.

61 Sept. Severe.	3 Pupien.
26 J. Domna.	105 Gordien pie.
34 Caracalla.	62 Philippe.
11 Plautille.	13 Otacile.
17 Geta.	12 Philippe fils.
9 Macrin.	27 Trajan dece.
2 Diaduménien.	9 Etruscille.
55 Elagabale.	8 Herennius.
2 J. Paula.	3 Hostillien.
1 Aquil. Severa.	20 Trebonnien Galle.
4 Sœmias.	17 Volusien.
10 Mæsa.	4 Æmilien.
60 Sev. Alexandre.	30 Valérien.
2 Orbiana.	4 Mariniana.
9 Mamée.	37 Gallien.
15 Maximin.	5 Restitutions.
2 Maxime.	17 Salonine.
5 Balbin.	8 Salonin.

6 Valérien jeune. 14 Tacite.

1 Macrien. 4 Florien.

37 Postume. 27 Probus.

1 Claude. 5 Carus.

5 Aurélien. 6 Numérien.

2 Séverine. 5 Carin.

Total, 829 médailles, qui seront divisées en 6 lots.

Bas-Empire.

N°. VII.

8 Dioclétien. 4 Valens.

9 Maximien hercule. 3 Gratien.

8 Constance Chlore. 1 Valentinien jeune IIe.

1 Hélène.

4 Gal. Maximien. 2 Théodose.

3 Licinius. 1 Mag. Maximus.

11 Constantin Ier. 2 Flav. Victor.

6 Constant. 1 Eugène.

15 Constance IIe. 4 Arcadius.

1 Magnence. 2 Honorius.

9 Julien II. 2 Constantin tyran.

1 Jovien. 1 Jovin.

4 Valentinien Ier. 1 Priscus Attalus.

1 Attila.　　　　1 Heraclius.

Total, 106 médailles qui seront vendues en un seul lot.

N°. VIII.

42 Médailles impériales d'argent, fausses, de Pertinax, Pescenius Niger, des Gordiens d'Afrique, etc.

SVITE IMPÉRIALE DE GRAND BRONZE.

N°. IX.

6 Cesar.	3 Vitellius.
11 Auguste.	19 Vespasien.
5 Tibere, dont deux	11 Tite.
avec sa tête.	24 Domitien.
3 Nero. Cl. Drusus.	12 Nerva.
3 Agrippine mère.	47 Trajan.
4 Caligula.	1 Plotine.
9 Claude.	92 Hadrien.
16 Neron.	11 Sabine.
12 Galba.	7 Aelius.
1 Othon d'*Anthio-*	93 Antonin.
che.	31 Faustine.

92 M. Aurèle.
43 Faustine jeune.
25 Verus.
16 Lucille.
93 Commode.
9 Crispine.
1 Pertinax.
4 Dide Julien.
1 M. Scantilla.
1 Didia Clara.
7 Albin.
28 S. Sévère.
11 J. Domna.
19 Caracalle.
5 Géta.
6 Macrin.
2 Diadumenien.
9 Elagabale.
1 Aquilia Severa.
1 Soemias.
4 Maesa.
49 S. Alexandre.
3 Barbia Orbiana.
14 Mamée.
15 Maximin.

1 Pauline.
4 Maxime.
3 Gordien d'Afrique père.
3 Gordien d'Afrique fils.
5 Balbin.
6 Pupien.
36 Gordien pie.
37 Philippe.
8 Otacile.
8 Philippe fils.
9 Trajan Dece.
5 Etruscille.
5 Herennius.
4 Hostillien.
11 Trebonnien Galle.
11 Volusien.
1 Æmilien.
5 Valerien.
1 Mariniana.
7 Gallien.
2 Salonine.
2 Valerien jeune.
23 Postume.

27 du Bas-Empire.

Total, 1,104 médailles.

S V I T E   I M P É R I A L E   D E   M O Y E N
B R O N Z E.
Nº. X.

14	Auguste..	25	Antonin.
3	Agrippa.	8	Faustine.
8	Tibère.	26	M. Aurèle.
1	Drusus.	9	Faustine jeune.
2	Antonia.	3	Verus.
4	Germanicus.	2	Lucille.
1	Néron et Drusus.	4	Commode.
2	Caligula.	1	Crispine.
7	Claude.	1	Sévère.
9	Néron.	3	Caracalle.
4	Galba.	1	Macrin.
13	Vespasien.	1	Diadumenien.
4	Tite.	5	Elagabale.
1	Julie.	1	Soemias.
28	Domitien.	2	Maesa.
6	Nerva.	5	Sev. Alexandre.
18	Trajan.	2	Mamée.
41	Hadrien.	1	Maximin.
5	Sabine.	1	Maxime.
2	Ælius.	1	Balbin *douteux.*

4	Gordien pie.	2	Trebonnien Galle
1	Philippe.	1	Valérien.
1	Otacile.	1	Gallien.
1	Philippe fils.	1	Valerien jeune.
2	Trajan dece.	193	du Bas-Empire.

Total, 482 médailles.

SVITE IMPÉRIALE DE PETIT BRONZE.

No. XI.

Cette suite est d'environ 2,600 médailles, dont les bornes de ce catalogue ne nous permettent pas de donner le détail.

———

MÉDAILLES ET MONNOYES MODERNES.

MEDAILLES MODERNES.

Italie.

Nᵒ. XII.

6 médailles d'argent, et 69 médailles de bronze de différents modules des papes.

Nᵒ. XIII.

Une suite uniforme en bronze des papes allant jusqu'à Clément XI.

Elle est de 250 médailles. On y a joint celles des papes suivants, jusqu'à et compris Pie VI. Cette dernière est en argent.

On y a joint, en outre, quelques médailles satyriques sur les papes, dont une d'argent.

Total, 2 médailles d'argent et 265 de bronze. Le tout dans un petit médailler quarré, en bois de rose.

B

N°. XIV.

19 médailles de bronze de différents modules de cardinaux.

N°. XV

1 médaille d'argent et 39 de bronze de différents modules des divers états de l'Italie.

N°. XVI.

15 médailles de bronze de différents modules de la république de Venise et des Médicis.

On y joint cinq médailles de bronze de différents modules de Suisse.

Espagne.

N°. XVII.

1 médaille d'argent et 6 de bronze de différents modules.

France.

N°. XVIII.

2 médailles d'argent et 13 médailles de bronze

de différents modules de rois de France, qui ont régné avant Henri IV.

Nᵒ. XIX.

Une petite médaille d'or, 3 médailles d'argent, et 8 de bronze de différents modules d'Henri IV.

On y a joint une médaille de bronze du cardinal de Bourbon, Charles X.

Nᵒ. XX.

2 médailles d'argent et 15 médailles de bronze de différents modules de Louis XIII.

Nᵒ. XXI.

4 médailles d'argent et 16 médailles de bronze de différents modules de Louis XIV.

Nᵒ. XXII.

La suite de Louis XIV en bronze.

Elle est de 320 médailles.

On y a joint 24 médailles qui présentent des différences.

Le tout est contenu dans un médailler de bois de noyer à quinze tiroirs.

N°. XXIII.

6 médailles d'argent et 35 médailles de bronze de différents modules de Louis XV.

N°. XXIV.

4 médailles d'argent et 8 médailles de bronze de différents modules de Louis XVI, et ayant rapport à quelques événemens de la révolution.

N°. XXV.

23 médailles d'argent du même module d'hommes illustres français et autres.

N°. XXVI.

46 médailles de bronze de différents modules d'hommes illustres français.

N°. XXVII.

Une suite de 24 médailles de bronze du même module d'hommes illustres français.

Angleterre.

No. XXVIII.

Une suite de 34 médailles de bronze uniformes de rois d'Angleterre.

No. XXIX.

8 médailles d'argent et 12 médailles de bronze de différents modules de rois et reines d'Angleterre , dont trois en argent d'Olivier Cromwel.

No. XXX.

29 médailles de bronze de différents modules d'hommes illustres anglais, dont Pope , Milton, Locke, Wasington, Franklin etc.

Allemagne.

No. XXXI.

34 médailles de bronze de différents modules.

No. XXXII.

Une suite de 30 médailles de bronze unifor-

mes des électeurs de Bavière , dans un étui
en forme de volume.

Hollande , Prusse , Pologne.

N°. XXXIII.

17 médailles de bronze de différents modules.

Dannemarck , Suéde , Russie.

N°. XXXIV.

21 médailles de bronze de différents modules.

MONNOYES MODERNES.

France.

N°. XXXV.

8 anciennes monnoyes d'or.

N°. XXXVI.

140 monnoyes d'argent et billon de la première
et deuxième race.

N°. XXXVII.

120 monnoyes d'argent et billon de la troisième race jusqu'à Louis XIII.

N°, XXXVIII.

L'octuple, le quadruple, le double, le simple et le demi-louis d'or de Louis XIII.
12 monnoyes d'argent et 16 de cuivre du même.

N°. XXXIX.

2 monnoyes d'or, 32 d'argent, et 30 de cuivre de Louis XIV.

N°. XL.

Le louis et le double de Louis XIV (premier coin) , 28 monnoyes d'argent et 14 de cuivre du même.

N°. XLI.

Monnoyes de Louis XVI, monnoyes de la République ayant cours et projets d'autres. Total 54 monnoyes de cuivre.

Nᵒ. XLII.

4 monnoyes d'or d'Espagne, Russie et Hollande.

Nᵒ. XLIII.

27 monnoyes d'argent, et 22 de cuivre d'Espagne.

Nᵒ. XLIV.

26 monnoyes d'argent et 11 de cuivre d'Angleterre.

Nᵒ. XLV.

50 monnoyes d'argent et billon d'Allemagne.

Nᵒ. XLVI.

28 monnoyes d'argent turques.

Nᵒ. XLVII

Mélanges de monnoyes modernes en argent, billon et cuivre, dont il sera fait des lots.

Nᵒ. XLVIII.

Une suite de 60 médailles de bronze de même module , gravée par *Dassier* , représentant des sujets de l'histoire romaine.
Dans un petit médailler de maroquin rouge.

Nᵒ. XLIX.

40 pierres gravées en creux antiques et modernes , dont il sera fait six lots.

MÉDAILLERS.

Nᵒ. L.

Un petit médailler, façon de *Boule* , avec dix planches percées de trous de grandeur de P. B.

Nᵒ. LI.

Un autre petit médailler en placage , garni

en cuivre, avec quatorze tiroirs, garnis en velours, sans cartons.

N°. LII.

Un autre en placage, avec 80 tiroirs sans cartons.

N°. LIII.

Un autre en placage avec avec douze tiroirs et cartons.

N°. LIV.

Un autre en bois noirci, forme de buffet, avec quarante-quatre tiroirs et cartons, gran- deur de G. B.

N°. LV.

Un autre en noyer, avec quatre-vingt huit tiroirs, percés de trous de différentes gran- deurs.

N°. LVI.

On vendra sous ce n°. au commencement de

chaque vacation, différens lots de médailles doubles, frustes, fausses, etc.

Nota. La bibliothèque du citoyen *de Milly*, dont la vente aura lieu dans le courant de prairial, contient un grand nombre de livres de numismatique, dont les divers ouvrages de Vaillant, Hardouin, Spauheim, Patin, Morel, Seguin, Pellerin, etc.

Le catalogue se distribue dans ladite maison, rue du Bouloy.

Celui des estampes se distribue chez le citoyen Regnault, cloître extérieur du Val-de-Grâce, n°. 234.

ORDRE DES VACATIONS.

Première Vacation, du 13 messidor an 7.

Partie du n°. 56.

Les n°s. 12. 14. 15. 16. 17. 18. 19. 20. 21. 23. 24. 25. 26. 27. 28. 29. 30. 31. 32. 33. 34.

N°s. 1. 2. 3. 6. 7. 8. 4. (Les cinq premiers lots.)

N°s. 48. 13. 22.

Deuxième Vacations , du 14 messidor an 7.

Partie du nº. 56.

Nᵒˢ. 35. 36. 37. 39. 40. 41. 42. 43. 44. 45. 46. 47.

Nº. 49.

Nᵒˢ. 5. 4. (Les cinq derniers lots.)

Nº. 38.

Nᵒˢ. 9. 10 11

Nᵒˢ. 50. 51. 52. 53. 54.

De l'imprimerie de FAUVELLE et SAGNIER , rue Pavée-André-des-Arts , nº. 28.